Cumpleaños

Julie Murray

Abdo
FIESTAS
Kids

abdopublishing.com

Published by Abdo Kids, a division of ABDO, PO Box 398166, Minneapolis, Minnesota 55439.
Copyright © 2019 by Abdo Consulting Group, Inc. International copyrights reserved in all countries.
No part of this book may be reproduced in any form without written permission from the publisher.

Printed in the United States of America, North Mankato, Minnesota.

052018

092018

THIS BOOK CONTAINS
RECYCLED MATERIALS

Spanish Translators: Telma Frumholtz, Maria Puchol

Photo Credits: Alamy, Getty Images, iStock, Shutterstock

Production Contributors: Teddy Borth, Jennie Forsberg, Grace Hansen

Design Contributors: Christina Doffing, Candice Keimig, Dorothy Toth

Library of Congress Control Number: 2018931573
Publisher's Cataloging-in-Publication Data

Names: Murray, Julie, author.

Title: Cumpleaños / by Julie Murray.

Other title: Birthday. Spanish

Description: Minneapolis, Minnesota : Abdo Kids, 2019. | Series: Fiestas | Includes online
     resources and index.

Identifiers: ISBN 9781532180019 (lib.bdg.) | ISBN 9781532180873 (ebook)

Subjects: LCSH: Birthdays--Juvenile literature. | Holidays, festivals, and celebrations--Juvenile
     literature. | Spanish language materials--Juvenile literature.

Classification: DDC 394.2--dc23

Contenido

Cumpleaños

Tu cumpleaños es un día **especial**. Es el día en el que naciste.

¡Es un día para **celebrar**!

Kate infla globos.

La mamá de Lynne prepara un pastel. Ella lo **decora**.

Emma golpea la piñata.

Los dulces caen al suelo.

Los niños cantan la canción

Cumpleaños feliz.

Adam apaga su vela soplando.

Es hora de comer el pastel.

Es divertido abrir regalos.

¡Todos están emocionados!

17

Sara abre el correo. ¡Es una carta de cumpleaños!

¡A Ana le encanta su cumpleaños!

Cosas de cumpleaños

cartas

globos

pastel

regalos

Glosario

celebrar
hacer especial u honrar con
regalos, fiestas o actividades.

decorar
hacer más bello añadiendo
decoraciones o diseños.

especial
fuera de lo común.

Índice

Abdo Kids
ONLINE
FREE! ONLINE MULTIMEDIA RESOURCES

¡Visita nuestra página **abdokids.com** y usa este código para tener acceso a juegos, manualidades, videos y mucho más!

Código Abdo Kids:
HBK3902